Ingrid Moras

Freundschaftsbänder mit Perlen weben

CHRISTOPHORUS
BRUNNEN-REIHE

Inhalt

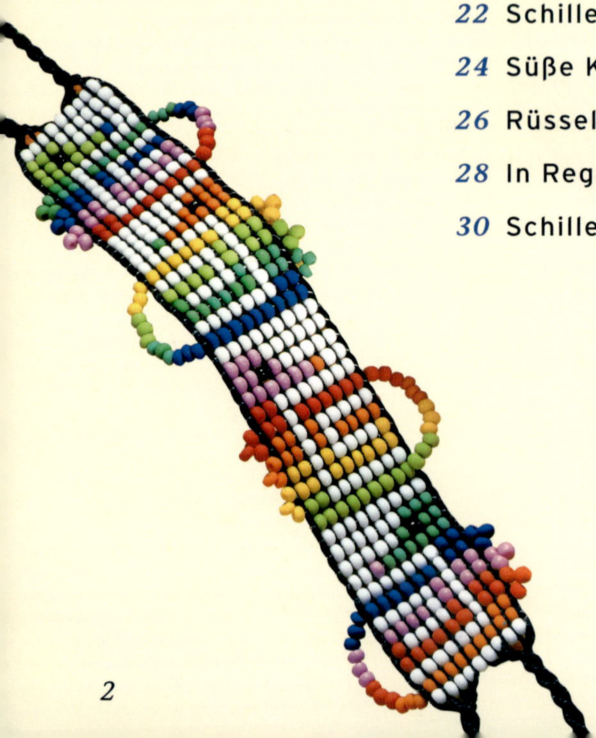

Webspaß mit Perlen

Das Weben mit Perlen macht vor allem deshalb so viel Spaß, da mit kaum einer anderen Technik so schnell und einfach wirkungsvolle farbenprächtige Freundschaftsbändchen entstehen können. Selbst kleine Kinder haben keine Schwierigkeiten, die Perlen richtig anzuordnen.

Einige Beispiele im Buch zeigen, dass die Bänder mit abstehenden Details überraschend „lebendig" gestaltet werden können. Da zappeln Beine, Rüssel und Katzenschwänze locker über die Hand. Auch die mit Messingdraht „gewebten" einzelnen Figuren sind einfach aufzuziehen und können als kleine Geschenkanhänger viel Freude bringen. Die Verwendungsmöglichkeiten der kleinen Figuren ist groß: Sie können Mäppchen oder einen Schlüsselbund zieren und auf Haarspangen oder Broschennadeln fixiert werden.

Weben mit Perlen ist eine alte Technik, die immer wieder aufs Neue begeistert. Ich wünsche allen viel Spaß dabei!

Ingrid Moras

Material & Technik

Perlen und Draht

Rocailles (etwa 2,5 mm ∅) sind im Fachhandel in großer Vielfalt erhältlich, ebenso geschnittene Rocailles (2 mm Länge), auch Glasstifte genannt, die perlmuttartig schimmern. Die Figuren werden mit Messingdraht (0,3 mm ∅) gearbeitet.

Webrahmen

Im Fachhandel gibt es spezielle Perlenwebrahmen, in deren Kerben die Kettfäden straff eingespannt werden. Für ein schnelles Ausprobieren einfach einen alten Bilderrahmen verwenden.

Kettfäden

Die Kettfäden (Längs- oder Spannfäden) bestehen aus Perlgarn Nr. 5 von Coats Mez.

Schussfaden und Nadel

Als Schussfaden (Quer- oder Webfaden) einen dünnen Perlonfaden (z. B. Transparent-Nähfaden Sonal von Coats Mez) verwenden. Zum Weben wird eine spezielle Perlfädelnadel benötigt.

Weben mit Perlen

Die Anzahl der Kettfäden

Für einen gleichmäßigen und stabilen Rand empfiehlt es sich, die Randfäden doppelt zu spannen. Da jede Perle zwischen zwei Kettfäden liegen muss, gilt für die Anzahl der Kettfäden: Anzahl der Perlen in einer Reihe plus drei.

Das Spannen der Kettfäden

Vom Perlgarn die entsprechende Anzahl der Kettfäden immer in einer Länge von 40 cm abschneiden. Die Kettfäden längs in die Einkerbungen des Webrahmens so einlegen, dass die oben und unten überstehenden Fäden gleich lang sind. Diesen Überstand mit Klebeband an der Seitenwand des Webrahmens festkleben. Wenn ein Bilderrahmen als Webrahmen verwendet wird, die Kettfäden an der oberen Leiste mit Klebeband fixieren, ordnen, stramm nach unten ziehen und unten wiederum mit Klebeband befestigen.

Das Befestigen des Schussfadens

Am linken Kettfaden (doppelter Randfaden) etwa 1 m Perlonfaden verknoten. Dabei muss bei den Bändern immer oben ein Überstand der Kettfäden von etwa 12 cm für den Abschluss mit Kordeln frei bleiben. Sollte der Schussfaden zur Neige gehen, diesen durch mehrere Perlenreihen hindurch vernähen. Einen neuen Webfaden am linken Kettfaden anknoten.

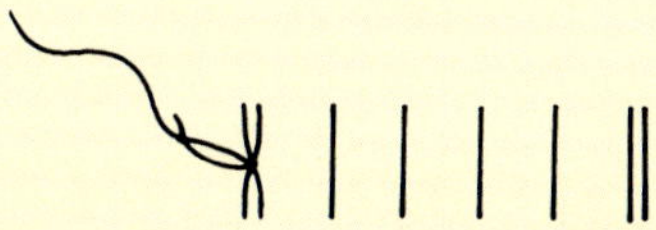

Das Weben der Bänder

1 Die Perlen einer Reihe auf die Nadel nehmen. Die Nadel mit den Perlen von links nach rechts **unter** die Kettfäden führen und die Perlen mit dem linken Zeigefinger zwischen den Kettfäden nach oben drücken. Sobald Kettfäden und Perlen regelmäßig abwechseln, die Nadel vorsichtig mit der rechten Hand nach rechts herausziehen. Dabei die Perlen weiterhin mit dem linken Zeigefinger nach oben drücken. Es ist auch möglich, die Perlen bis zum Fadenende rutschen zu lassen und sie erst dann zwischen den Kettfäden einzuordnen.

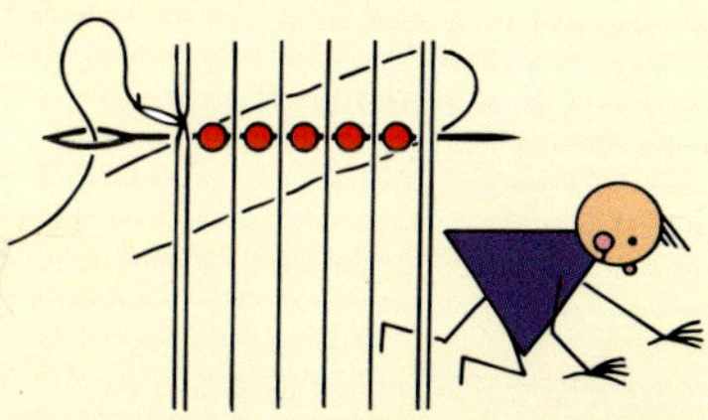

2 Mit der Nadel von rechts nach links nacheinander alle Perlen auffassen und darauf achten, dass die Nadel zwischen den Perlen immer **über** den Kettfäden liegt. Anschließend die Nadel nach links herausziehen. Den Faden nach jeder Reihe gleichmäßig fest anziehen und die einzelnen Reihen, falls nötig, dicht aufschieben.

Der Abschluss der Bänder

Den Schussfaden durch mehrere Perlenreihen vernähen. Das Band mit Klebeband am Tisch fixieren und die Kettfäden zu einer oder zwei Kordeln verdrehen. Für jede Kordel zwei Fadenbündel getrennt nach rechts eindrehen und dann miteinander verdrehen. Dabei immer den rechten Strang über den linken legen. Die Kordel jeweils mit einem Knoten abschließen.

Die Figuren

1 Die Perlen der ersten Reihe (oder auch des ersten Details) immer in die Mitte des Drahtes schieben. Die Perlen der zweiten und jeder weiteren Reihe in der richtigen farblichen Reihenfolge auf das linke Drahtende aufziehen und das rechte Drahtende in entgegengesetzter Richtung durch die Perlen der Reihe schieben. Auf der Vorlage ist die Drahtführung, die Anzahl, Farbe und Lage der Perlen einer Reihe genau abzulesen. Der Stern zeigt, an welcher Stelle die Arbeit begonnen wird.

2 Nacheinander die Drahtstücke so anziehen, dass die Perlen der Reihe waagerecht liegen und der seitlich sichtbare Drahtbogen möglichst klein ist. Immer darauf achten, dass keine Knicke im Draht entstehen, da der Draht sonst brechen könnte.

3 Ein Drahtende zuletzt durch die vorletzte Reihe zum anderen Drahtstück ziehen und mit diesem verdrehen; Überstände abschneiden. Oder beide Drahtenden getrennt mehrere Male um den Führungsdraht zwischen zwei Perlen wickeln, dann abschneiden.

Hinweis

Die Anleitungen finden Sie auf dem Vorlagebogen. Dort werden auch besondere Details in Schritt-für-Schritt-Zeichnungen gezeigt.

Abstehende Details

Immer die Reihe, von der das Detail als Perlenstrang (Schwanz, Arm, Bein, Schnurrhaar u. a.) absteht, zuerst weben. Dann die Perlen für das Detail mit dem Faden oder Draht aufnehmen und den Faden oder Draht durch alle Perlen mit Ausnahme der letzten zurückziehen. Bei den Tieren die Perlen beim Zurückziehen des Drahtes immer nahe am Körper festhalten.

Gerades Detail nach links

Bei links abstehenden Details den Perlenstrang, wie oben beschrieben, nach dem Weben der Reihe auffädeln, dann den Faden nochmals durch die Reihe unter den Kettfäden nach rechts und wieder über den Kettfäden nach links zurückziehen.

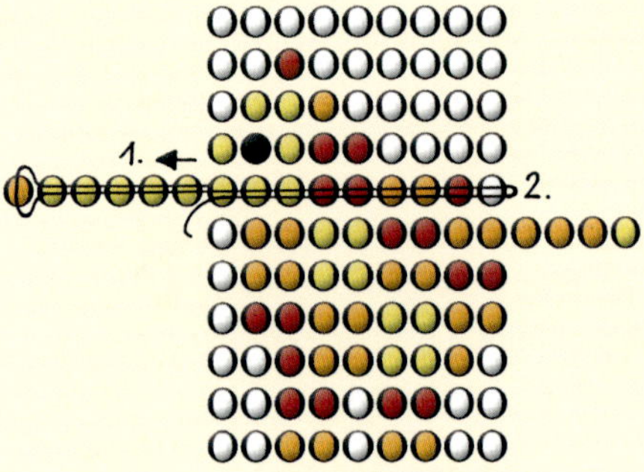

Gerades Detail nach rechts

Bei rechts abstehenden Details nach dem Weben der Reihe den Faden durch die Reihe nach rechts ziehen, die entsprechenden Perlen auffädeln (siehe oben) und den Faden durch die Reihe über den Kettfäden nach links zurückziehen.

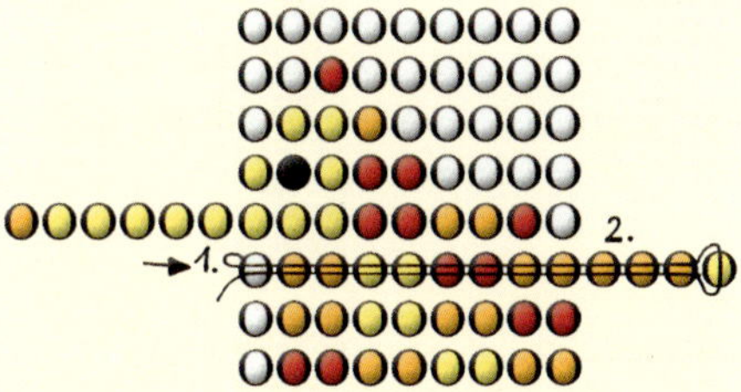

Details nach beiden Seiten

Stehen bei einer Reihe nach beiden Seiten Perlenstränge ab, zuerst den linken Perlenstrang nach dem Weben der Reihe auffädeln (siehe oben). Dann den Faden durch die Reihe nach rechts ziehen. Den rechten Perlenstrang arbeiten und zuletzt den Faden durch die Reihe nach links (über den Kettfäden) zum Ausgangspunkt zurückziehen.

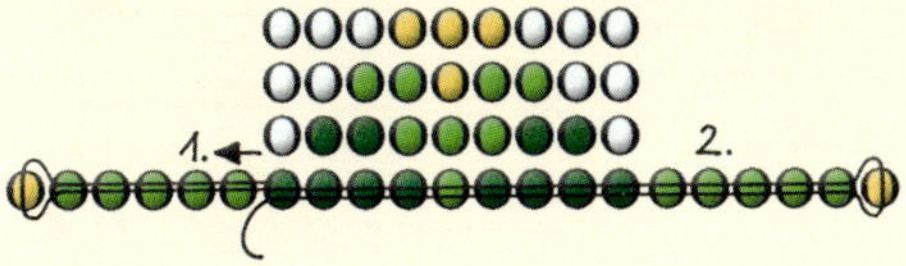

Rundbögen

Wichtig: Bei Rundbögen zuerst bis zur unteren Reihe des Bogens weben. Dann nach dem Weben der Reihe die Perlen für den Bogen aufnehmen und den Faden durch die obere und alle dazwischen liegenden Reihen ziehen. Dabei können die Kettfäden auch mit der Nadel aufgespießt werden. Nur beim Zurückführen des Fadens nach links zum Ausgangspunkt sollte der Faden über den Kettfäden liegen.

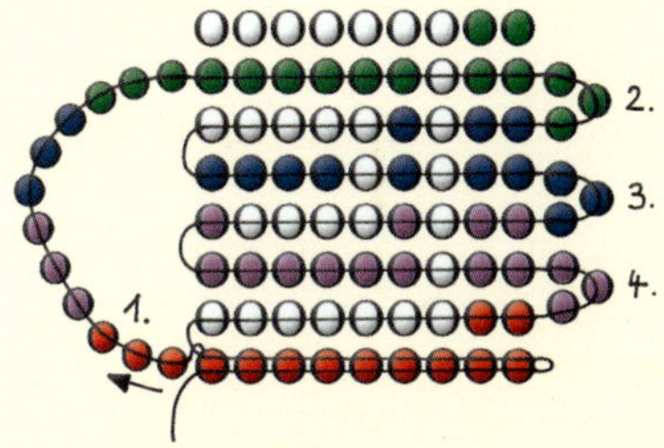

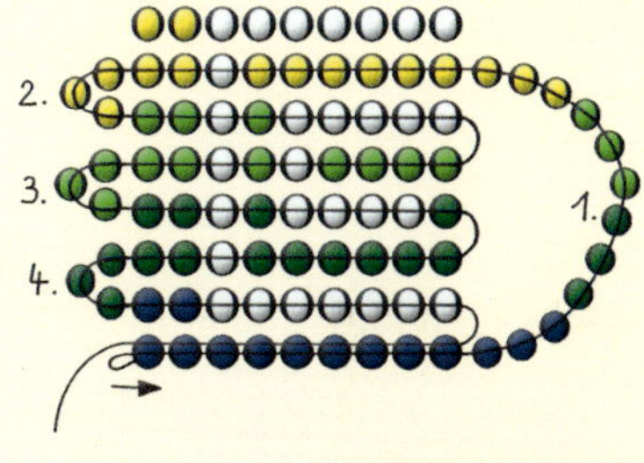

Sind die Bögen auf beiden Seiten gleich, den ersten Bogen auffädeln und den Faden durch die obere Reihe ziehen. Dann den zweiten Bogen arbeiten und den Faden durch die zuletzt gewebte Reihe zum Ausgangspunkt nach links über den Kettfäden zurückführen.

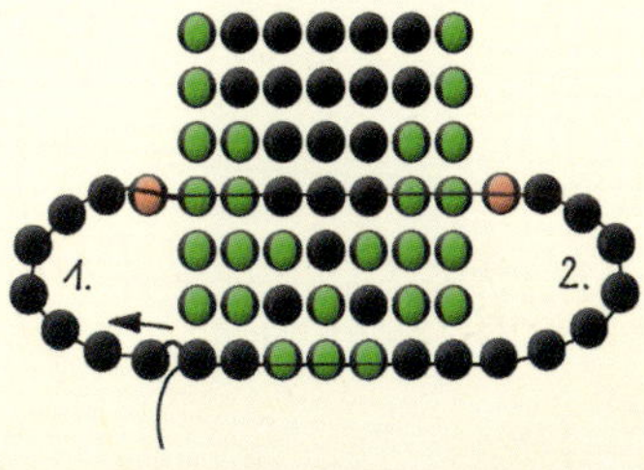

Glitzerbänder

Material

Band in Blau

- Perlgarn Multicolor „Blue Hawai“ (1345)
- Glasschliffperlen in Crystall, Saphir, 4 mm ∅
- Rocailles in Weiß, Türkis, 2,5 mm ∅
- Transparent-Nähfaden

Band in Rosé

- Perlgarn Multicolor „Iris“ (1325)
- Glasschliffperlen in Rosé, Fuchsia, Saphir, Crystall, 4 mm ∅
- Rocailles in Weiß, 2,5 mm ∅
- Transparent-Nähfaden

Kettfäden

- je 6x 40 cm

Grundanleitung „Weben“ siehe Seite 4 – 5. Immer eine 4-mm-Perle und zwei 2,5-mm-Perlen zwischen zwei Kettfäden einordnen.

Kleine Mäuse

- Rocailles in Rosa, Schwarz, 2,5 mm ∅
- Glasschliffperlen in Crystall oder Saphir, 4 mm ∅
- Messingdraht, 0,3 mm ∅, 40 cm

Vorlage A

Anleitung siehe Vorlagebogen

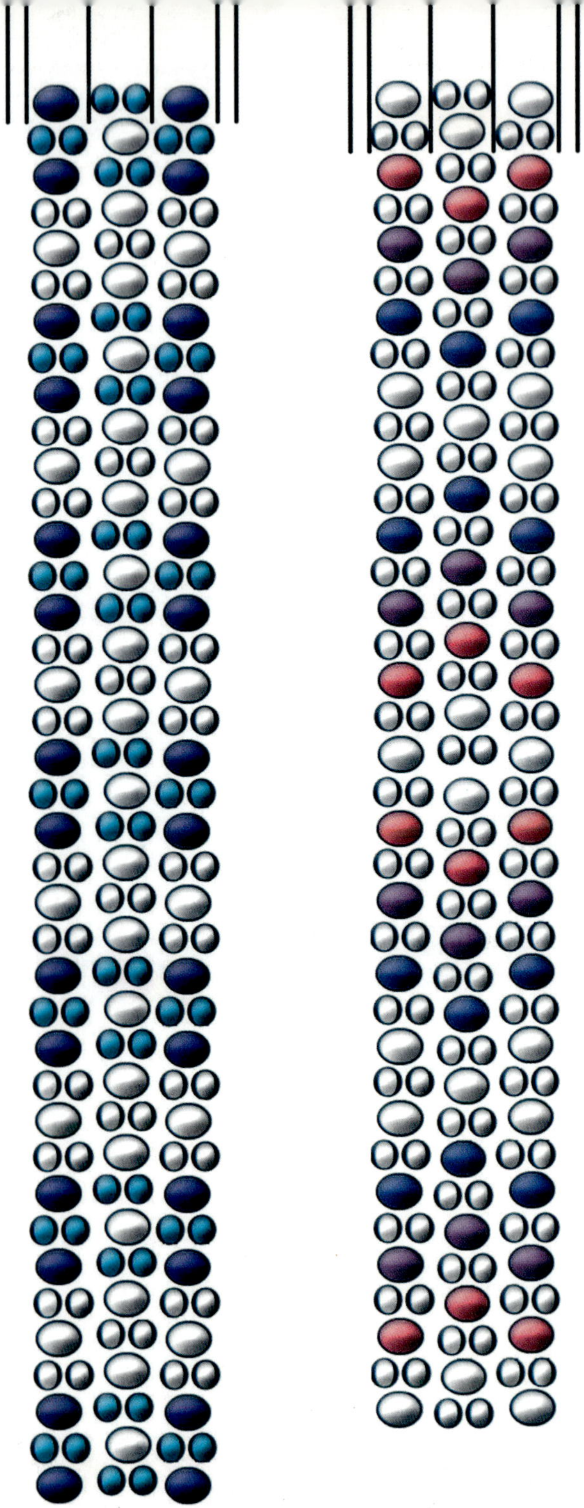

Bunte Schlangen

Material

Schlangenband

- Perlgarn in Schwarz (403)
- Rocailles in Tannengrün, Schwarz, 2,5 mm Ø
- Glasstifte in Karmesin, Orange, Gelb, Maigrün, Mint, Türkis, Blau-Lila, Orchidee, 2 mm
- Transparent-Nähfaden

Kettfäden

- 12x 40 cm

Nach der Anleitung auf Seite 4 – 5 weben. Nach dem Weben der Reihe mit den abstehenden Zungen erneut hin und her weben, dabei für die Zungen je sechs Perlen aufnehmen und den Faden durch die ersten vier Perlen zurückziehen. Siehe dafür „Abstehende Details" auf Seite 6 – 7.

Schlangenkette

- Rocailles in Schwarz, 2,5 mm Ø
- Glasstifte siehe Band
- Messingdraht, 0,3 mm Ø
- Textilband in Violett
- Rohrsteckverschluss in Silber

Vorlage B

Anleitung siehe Vorlagebogen

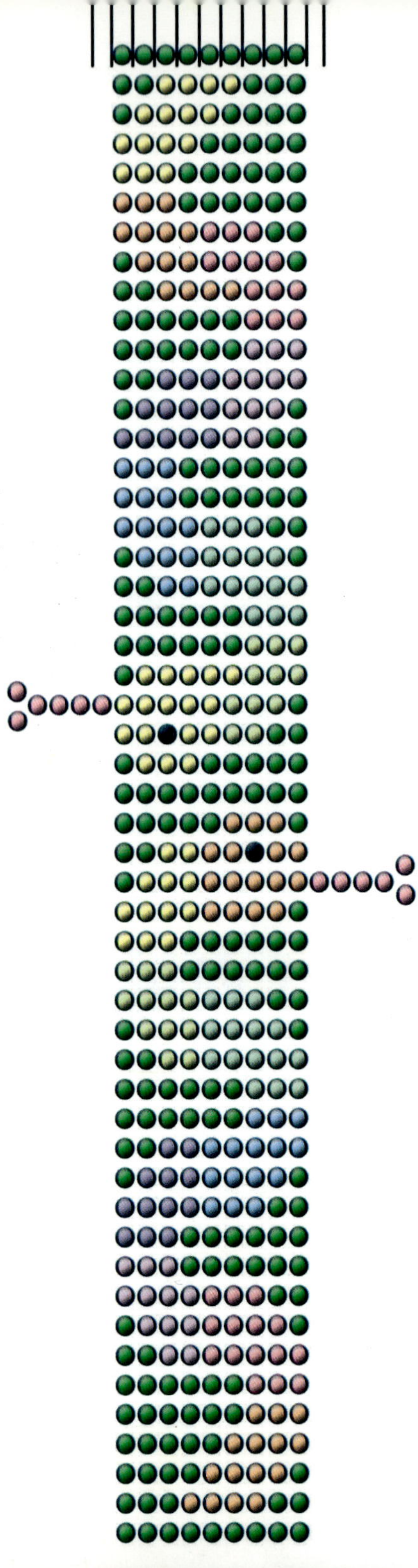

Water-based varnish
GERMANY

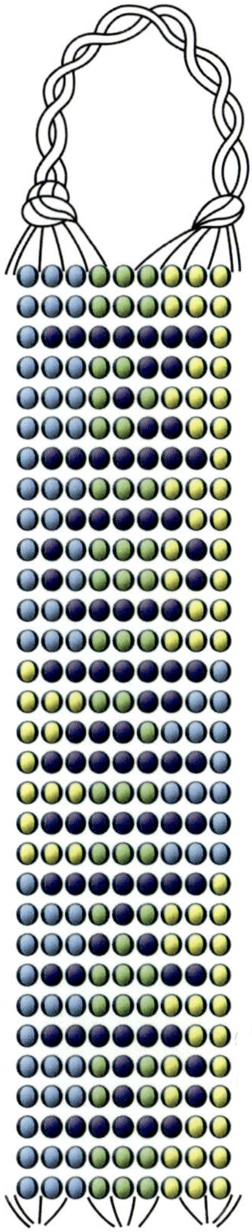

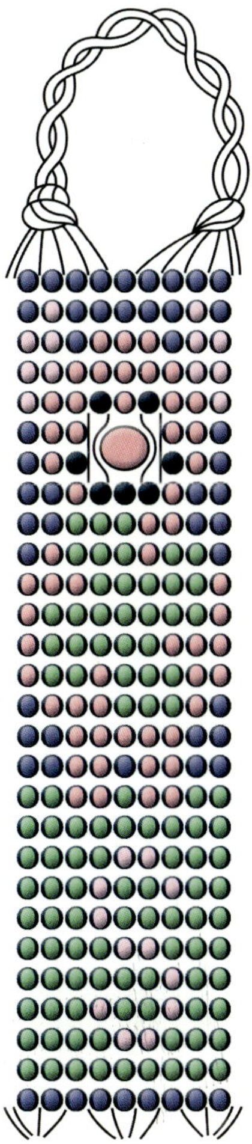

Für die Anhänger die Fäden in der Mitte verknoten, eine etwa 4 cm lange Kordel drehen, einen zweiten Knoten legen. Die Kordel festkleben und die Fäden spannen. Nach der Grundanleitung auf Seite 4 – 5 weben. Beim Schwein die 5-mm-Perle als Rüssel einweben. In der nächsten Reihe den Faden erneut durch die bereits eingewebte 5-mm-Perle ziehen. Als Abschluss auf je vier Fäden eine 5-mm-Perle mit einem Knoten befestigen.

Namensbänder

Material

Namensband

- Perlgarn in Rot (46)
- Glasstifte in Gelb, Orange, Karmesin, 2 mm
- Rocailles in Rot (matt), 2,5 mm ∅
- Transparent-Nähfaden

Namensanhänger

- Perlgarn in Grün (265)
- Glasstifte in Gelb, Maigrün, Türkis, 2 mm
- Rocailles in Ultramarin (matt), 2,5 mm ∅
- Rocailles in Saphir, 5 mm ∅
- Transparent-Nähfaden

Glücksschwein-Anhänger

- Perlgarn in Pink (96)
- Glasstifte in Rosa, 2 mm
- Rocailles in Pink, Schwarz, Ultramarin, Grün, 2,5 mm ∅
- Rocailles in Saphir, Rosa, 5 mm ∅
- Transparent-Nähfaden

Kettfäden

- Namensband: 12x 40 cm
- Anhänger: je 6x 80 cm

Hinweis

Das komplette Alphabet befindet sich auf dem Vorlagebogen.

Edel in Alabaster

Material

- Perlgarn in Schwarz (403)
- „Alabaster"-Rocailles in Gelb, Orange, Karmesin, Orchidee, Blau-Lila, Grün, 2,5 mm ∅
- Rocailles in Schwarz (opak), 2,5 mm ∅
- Transparent-Nähfaden

Kettfäden

- Linkes und rechtes Band: 8x 40 cm
- Mittleres Band: 9x 40 cm

Die Bänder nach der Grundanleitung auf Seite 4 – 5 weben.

Bunte Tiere

Material

Schmetterlingsband

- Perlgarn in Blau (134)
- Rocailles in Blau, Gelb, Orange, Rot, Maigrün, Grün, 2,5 mm ∅
- Transparent-Nähfaden

Vogelband

- Perlgarn in Grün (923)
- Rocailles in Tannengrün, Schwarz, Gelb, Orange, Rot, Maigrün, Grün, 2,5 mm ∅
- Transparent-Nähfaden

Kettfäden

- je 12x 40 cm

Grundanleitung „Weben" siehe Seite 4 – 5. Beim Vogelband für den Schnabel nochmals hin und her weben; dabei zwei Perlen aufnehmen und den Faden durch die erste Perle zurückführen. Siehe auch „Abstehende Details" auf Seite 6.

Schmetterling

- Messingdraht, 0,3 mm ∅
- Rocailles in Gelb, Orange, Rot, Grün, Maigrün, 2,5 mm ∅

Vorlage C

Anleitung siehe Vorlagebogen

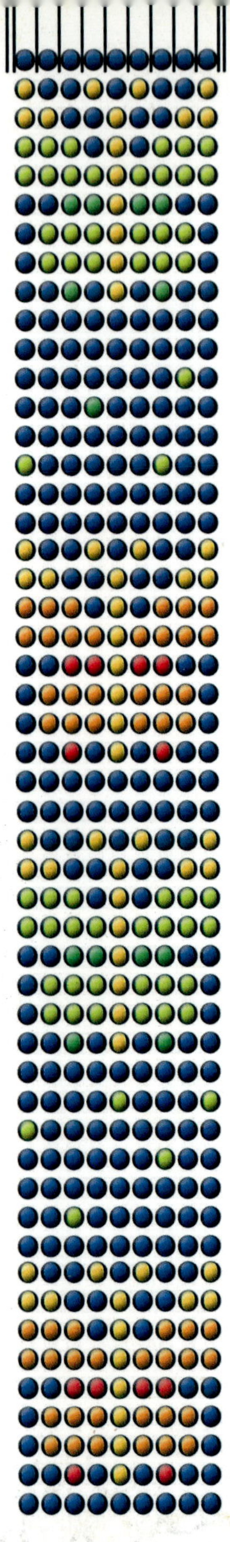

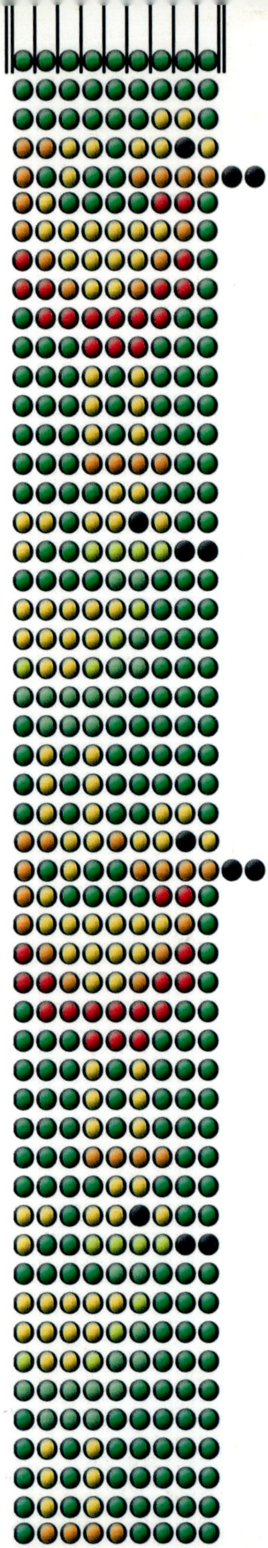

Immer drei

Material

Pferde

- Perlgarn Multicolor „Sunrise“ (1305)
- Rocailles in Blau, Tannengrün, Maigrün, Weiß, Regenbogen-Maisgelb, Regenbogen-Grün, 2,5 mm ∅
- Transparent-Nähfaden

Schildkröten

- Perlgarn Multicolor „Mountain Stream“ (1355)
- Rocailles in Ultramarin, Tannengrün, Regenbogen-Maisgelb (matt), Mint, Maigrün, Grün (opak chalk), Schwarz (opak), 2,5 mm ∅
- Transparent-Nähfaden

Kettfäden

- Pferde: 17x 40 cm
- Schildkröten: 10 x 40 cm

Die Bänder nach der Grundanleitung auf *Seite 4 – 5* *weben.*

Kühe & Tulpen

Material

Kuh-Band

- Perlgarn in Grün (225)
- Glasstifte in Maigrün, 2 mm
- Rocailles in Schwarz, Weiß, Ultramarin, Grün, Gold, Rosa, 2,5 mm ∅
- Rocailles in Schwarz, 2,6 mm ∅
- Transparent-Nähfaden

Tulpen-Band

- Perlgarn in Grün (225)
- Glasstifte in Maigrün, Gelb, Orange, Karmesin
- Rocailles in Ultramarin, Grün, 2,5 mm ∅
- Transparent-Nähfaden

Kettfäden

- Kuh: 2 x 40 cm
- Tulpen: 8 x 40 cm

Kuh

- Rocailles in Schwarz, Weiß, Rosa, Gold, 2,5 mm ∅
- Rocailles in Schwarz, 2,6 mm ∅
- Messingdraht, 0,3 mm ∅

Vorlage D

Anleitung siehe Vorlagebogen

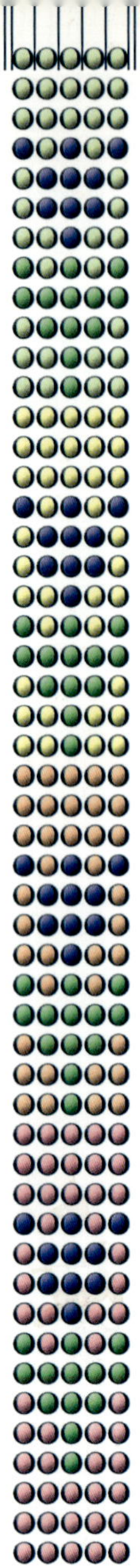

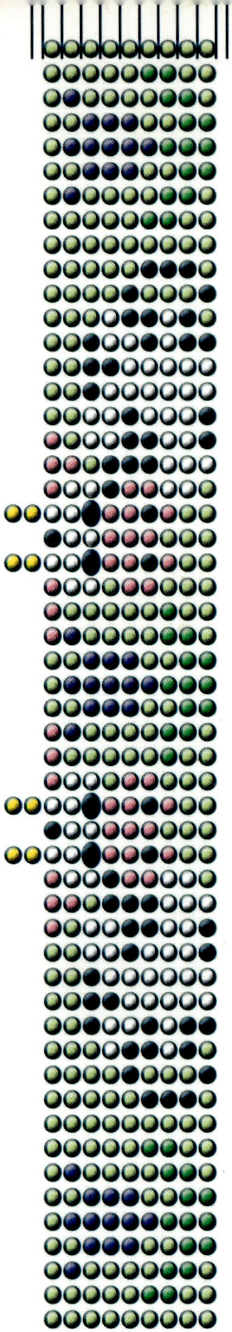

Grundanleitung „Weben" siehe Seite 4 – 5. Für die Kuhaugen möglichst 2,6-mm-Perlen verwenden. Die Hörner im Anschluss an die jeweilige Reihe auffädeln (siehe „Abstehende Details", Seite 6).

Schillernde Käfer

Material

Grünes Käferband

- Perlgarn in Gelbgrün (278)
- Glasstifte in Orange, Karmesin, 2 mm
- Rocailles in Schwarz, Grün, Maigrün, 2,5 mm ∅
- Transparent-Nähfaden

Blaues Käferband

- Perlgarn in Schwarz (403)
- Glasstifte in Gelb, Maigrün, 2 mm
- Rocailles in Schwarz, Regenbogen-Türkis, 2,5 mm ∅
- Transparent-Nähfaden

Kettfäden

- je 10x 40 cm

Grundanleitung „Weben" siehe Seite 4 – 5. Die Beine im Anschluss an die Reihen arbeiten; dafür nochmals hin und her weben. Die Fühler links unten beginnen, nach oben und rechts nach unten zurückführen. Siehe auch „Abstehende Details", Seite 6 – 7.

Käfer

- Messingdraht, 0,3 mm ∅
- Glasstifte in Karmesin, 2 mm
- Rocailles in Schwarz, 2,5 mm ∅

Vorlage E

Anleitung siehe Vorlagebogen

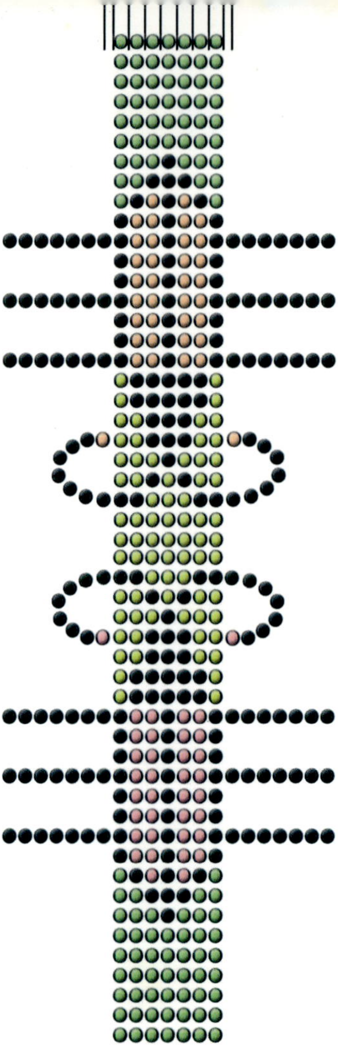

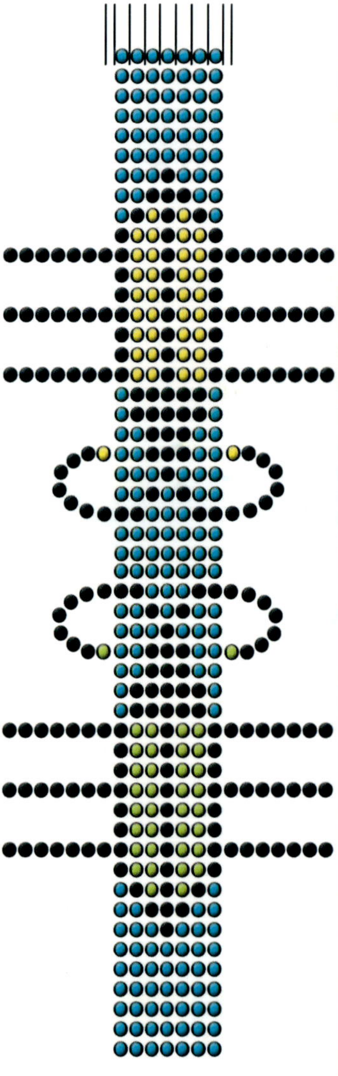

Süße Katzen

Material

Katzenband

- Perlgarn in Hellgrün (225)
- Rocailles in Zartrosa, Schwarz, Weiß, 2,5 mm ∅
- Rocailles in Schwarz, 2,6 mm ∅
- Glasstifte in Maigrün, Gelb, 2 mm
- Transparent-Nähfaden

Kettfäden

- 12x 40 cm

Grundanleitung „Weben" siehe Seite 4 – 5. Die abstehenden Details immer nach dem Weben der jeweiligen Reihe arbeiten. Noch einmal hin und her weben, dabei die Details einfügen (siehe dazu speziell Seite 6 – 7). Mit den linken Schnurrhaaren beginnen.

Katzen

- Messingdraht, 0,3 mm ∅
- Rocailles in Schwarz, Weiß, Zartrosa, 2,5 mm ∅
- Rocailles in Schwarz, 2,6 mm ∅, 4 mm ∅
- Glasstifte in Orange, 2 mm

Vorlage F

Anleitung siehe Vorlagebogen

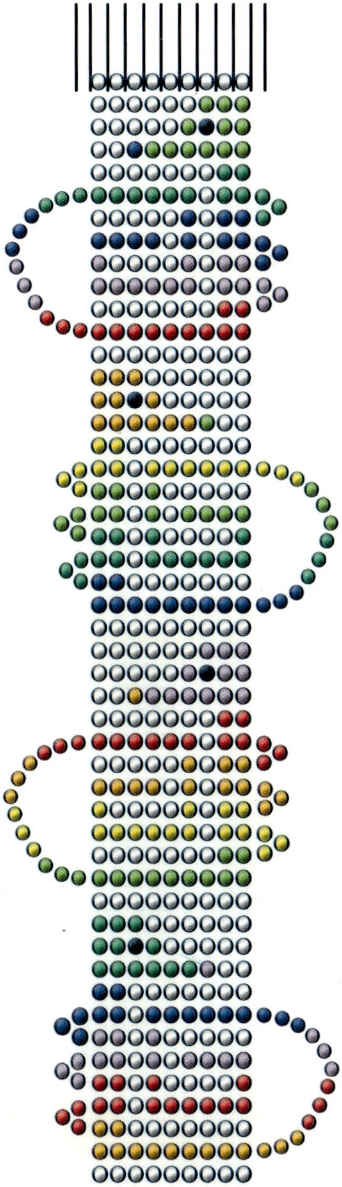

Rüsseltier & Co.

Material

Bunter Zoo

- Perlgarn in Schwarz (403)
- Rocailles in Weiß, Schwarz, Wasserblau, Ultramarin, Gelb, Orange, Rot, Maigrün, Grün, 2,5 mm ∅
- Transparent-Nähfaden

Ringelschwänzchen

- Perlgarn in Schwarz (403)
- Rocailles in Weiß, Maigrün, Grün, Ultramarin, Violett, Rot, Orange, Gelb, Schwarz, 2,5 mm ∅
- Transparent-Nähfaden

Kettfäden

- je 12x 40 cm

Grundanleitung „Weben" siehe Seite 4 – 5. Die abstehenden Details jeweils im Anschluss an die Reihen arbeiten (siehe „Abstehende Details", Seite 6). Die Ringelschwänzchen immer nach dem Weben der unteren Reihe auffädeln und zur oberen Reihe führen (siehe „Rundbögen", Seite 7). Dabei beim Zurückführen des Fadens jeweils auf der anderen Seite des Bandes drei Perlen aufnehmen. Den Faden zuletzt über den Kettfäden nach links zum Ausgangspunkt zurückziehen.

In Regenbogenfarben

Material

- Perlgarn in Schwarz (403)
- Rocailles in Schwarz (matt), 2,5 mm Ø
- Glasstifte in Karmesin, Orange, Gelb, Maigrün, Mint, Türkis, Blau-Lila, Orchidee, 2 mm
- Transparent-Nähfaden

Kettfäden

- Schmales Band: 7x 40 cm
- Breites Band: 8x 40 cm

Die Bänder nach der Grundanleitung von Seite 4 – 5 weben.

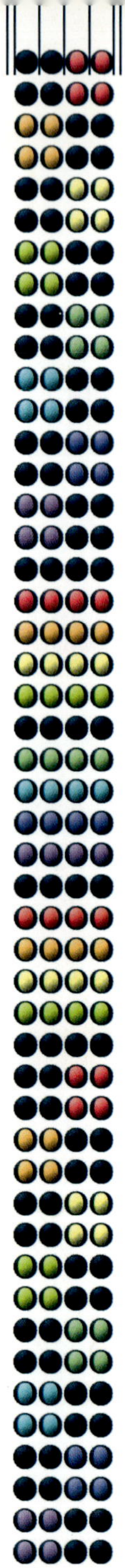

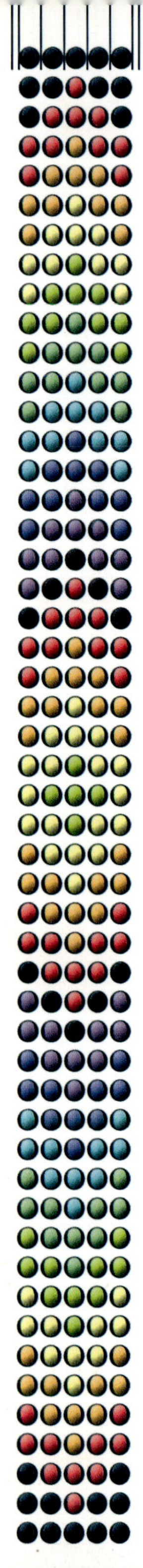

Schillernd & schön

Material

Blaues Band

- Perlgarn in Schwarz (403)
- Rocailles in Ultramarin, 2,5 mm Ø
- Glasschliffperlen in Saphir, 4 mm Ø
- Glasstifte in Gelb, Maigrün, Mint, Türkis, 2 mm
- Transparent-Nähfaden

Schmetterlingsband

- Perlgarn in Blau (134)
- Rocailles in Ultramarin
- Glasstifte in Gelb, Orange, Karmesin, Blau-Lila, Orchidee, Türkis, Mint, 2 mm
- Transparent-Nähfaden

Kettfäden

- Blaues Band: 7x 40 cm
- Schmetterlingsband: 12x 40 cm

Grundanleitung „Weben" siehe Seite 4 – 5.

*Beim **blauen Band** in den Reihen mit den 4-mm-Perlen immer je drei Kettfäden zum Rand hinschieben. In der nächsten Reihe mit kleinen Perlen den dritten Faden wieder einordnen.*

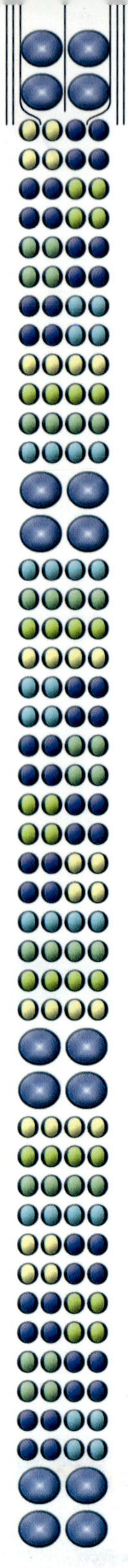

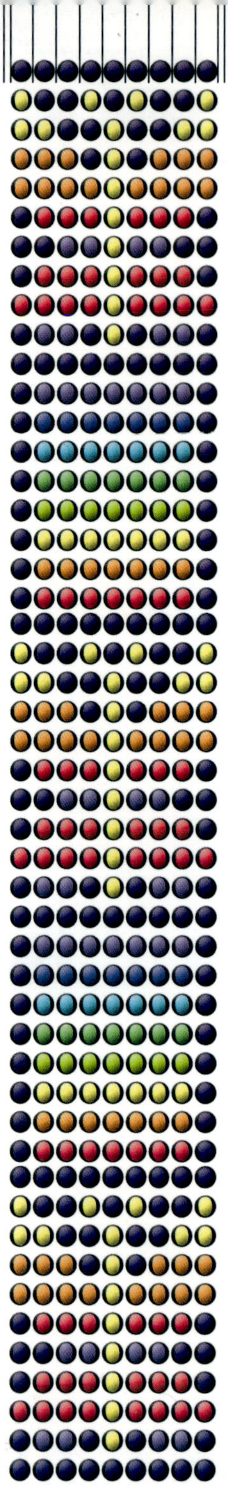

Impressum

ISBN 3-419-56358-2

Lektorat:
Irmgard Böhler, Freiburg

Styling und Fotos:
Andreas Gerhardt, Freiburg

Covergestaltung und Layoutentwurf:
Network!, München

Coverrealisierung:
smp, Freiburg

Produktion:
Carsten Schorn, Merzhausen

Druck:
Freiburger Graphische Betriebe

Wir sind für Sie da, wenn Sie Fragen haben.
Und wir interessieren uns für Ihre eigenen Ideen und Anregungen.
Schreiben Sie uns, wir hören gerne von Ihnen!
Ihr Christophorus-Team

Christophorus-Verlag GmbH
Hermann-Herder-Str. 4
79104 Freiburg
Tel.: 0761/ 27 17-0
Fax: 0761/ 27 17-3 52
oder e-mail:
info@christophorus-verlag.de

Aus der Brunnen-Reihe

Weitere Titel von Ingrid Moras

3-419-56247-0

3-419-56297-7

3-419-56329-9-2

3-419-56328-0

3-419-56336-1